VUE DU CHATEAU DE PIERREFONDS.

DESCRIPTION

DU CHATEAU

DE PIERREFONDS

PAR

M. VIOLLET-LE-DUC

ARCHITECTE DU GOUVERNEMENT

DEUXIÈME ÉDITION

COMPLÉTEMENT REFONDUE ET AUGMENTÉE

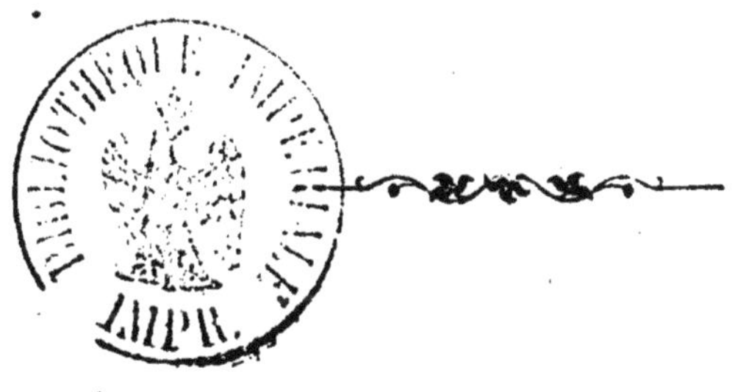

PARIS

BANCE ÉDITEUR, RUE BONAPARTE, 13

EN FACE L'ÉCOLE DES BEAUX-ARTS.

1861

DESCRIPTION

DU

CHATEAU DE COUCY

PAR

M. VIOLLET-LE-DUC.

Brochure in-8°. — Prix : 2 francs.

Paris.—Imprimé chez Bonaventure et Ducessois,
55, quai des Augustins.

DESCRIPTION

DU CHATEAU

DE PIERREFONDS

Au XIIe siècle, le château de Pierrefonds, ou plutôt de Pierrefons, était déjà un poste militaire d'une grande importance, possédé par un comte de Soissons, nommé Conon. Il avait été, à la mort de ce seigneur qui ne laissait pas d'héritiers, acquis par Philippe-Auguste, et ce prince avait confié l'administration des terres à un bailli et à un prévôt, abandonnant la jouissance des bâtiments seigneuriaux aux religieux de Saint-Sulpice. En vertu de cette acquisition, les *hommes coutumiers* du bourg avaient obtenu du roi une « charte de commune qui proscrivait l'exercice des « droits de servitude, de mainmorte, et de formariage...; et, en reconnaissance de cette immunité, « les bourgeois de Pierrefonds devaient fournir au roi « soixante sergents, avec une voiture attelée de quatre « chevaux[1]. » Par suite de ce démembrement de l'ancien domaine, le château n'est guère plus qu'une habitation rurale; mais, sous le règne de Charles VI, Louis d'Orléans, frère du roi, premier duc de Valois,

[1] Voy. *Compiègne et ses environs*, par Léon Evig. 1 vol. in-8. 1836.

DESCRIPTION

DU

CHATEAU DE COUCY

PAR

M. VIOLLET-LE-DUC.

Brochure in-8°. — Prix : 2 francs.

Paris.—Imprimé chez Bonaventure et Ducessois,
55, quai des Augustins.

DESCRIPTION

DU CHATEAU

DE PIERREFONDS

Au XIIe siècle, le château de Pierrefonds, ou plutôt de Pierrefons, était déjà un poste militaire d'une grande importance, possédé par un comte de Soissons, nommé Conon. Il avait été, à la mort de ce seigneur qui ne laissait pas d'héritiers, acquis par Philippe-Auguste, et ce prince avait confié l'administration des terres à un bailli et à un prévôt, abandonnant la jouissance des bâtiments seigneuriaux aux religieux de Saint-Sulpice. En vertu de cette acquisition, les *hommes coutumiers* du bourg avaient obtenu du roi une « charte de commune qui proscrivait l'exercice des « droits de servitude, de mainmorte, et de formariage...; et, en reconnaissance de cette immunité, « les bourgeois de Pierrefonds devaient fournir au roi « soixante sergents, avec une voiture attelée de quatre « chevaux[1]. » Par suite de ce démembrement de l'ancien domaine, le château n'est guère plus qu'une habitation rurale; mais, sous le règne de Charles VI, Louis d'Orléans, frère du roi, premier duc de Valois,

[1] Voy. *Compiègne et ses environs*, par Léon Evig. 1 vol. in-8. 1836.

jugea bon d'augmenter ses places de sûreté, et se mit en devoir, en 1390, de faire reconstruire le château de Pierrefonds sur un point plus fort et mieux choisi, c'est-à-dire à l'extrémité du promontoire qui domine une des plus riches vallées des environs de Compiègne, en profitant des escarpements naturels pour protéger les défenses sur trois côtés, tandis que l'ancien château était assis sur le plateau même, à cinq cents mètres environ de l'escarpement[1].

La bonne assiette du lieu n'était pas la seule raison qui dut déterminer le choix du duc d'Orléans.

Si l'on jette les yeux sur la carte des environs de Compiègne, on voit que la forêt du même nom est environnée de tous côtés par des cours d'eau, qui sont: l'Oise, l'Aisne, et les deux petites rivières de Vandi et d'Automne.

Pierrefonds, appuyé à la forêt vers le nord-ouest, se trouvait ainsi commander un magnifique domaine, facile à garder sur tous les points, ayant à sa porte une des plus belles forêts des environs de Paris. C'était donc un lieu admirable, pouvant servir de refuge et offrir les plaisirs de la chasse au châtelain. La cour de Charles VI était très-adonnée au luxe, et parmi les grands vassaux de ce prince, Louis d'Orléans était un des seigneurs les plus magnifiques, aimant les arts, éclairé, ce qui ne l'empêchait pas d'être plein d'am-

[1] On voit encore quelques restes des fondations de ce premier château, au-dessus de la poterne qui s'ouvre sur les flancs du parc, à l'ouest.

bition et d'amour du pouvoir ; aussi voulut-il que son nouveau château fût à la fois une des plus somptueuses résidences de cette époque, et une forteresse construite de manière à défier toutes les attaques.

Monstrelet en parle comme d'une place de premier ordre et d'un lieu admirable.

En 1411, lorsqu'après l'assassinat du duc d'Orléans les partisans du prince étaient poursuivis, à l'instigation du duc de Bourgogne, le malheureux Charles VI envoya le comte de Saint-Pol en Valois pour prendre possession des places de son neveu. Après la reddition de Crespy, le comte de Saint-Pol « s'en alla au chastel de Pierrefonds, dit Monstrelet, « qui estoit moult fort deffensable et bien garny et remply de toutes choses appartenans à la guerre : « et luy là venu se print à parlementer avec le sei- « gneur de Boquiaux qui en estoit capitaine : et enfin « fut le traicté faict parmy ce que ledit comte luy « feit donner pour ses fraiz par le roy deux mille « escus d'or, et avec ce emportèrent luy et ses gens « tous leurs biens. » Plus tard, le château fut rendu au duc Charles d'Orléans, et Boquiaux en reprit le commandement. Le comte de Saint-Pol n'abandonna la place toutefois qu'en y mettant le feu. Le duc d'Orléans répara les dommages.

En 1420, le château de Pierrefonds, dont la garnison était dépourvue de vivres et de munitions, ouvrit ses portes aux Anglais. Nous voyons qu'en 1422 cette place tenait pour le Dauphin. Pierre de Fenin raconte comme quoi le seigneur d'Offemont ayant rendu la ville de Saint-Riquier au duc Philippe de Bourgogne, en échange du seigneur de Conflans, de messires Rigaut de Fontaines, Gilles de Gamache, Pothon de Xaintrailles et Loys Burnel, « s'en alla à Pierrefois « (Pierrefonds), qui pour lors estoit en sa main. » Or le seigneur d'Offemont tenait le parti du Dauphin. Louis XII étant duc d'Orléans fit faire quelques réparations au château de Pierrefonds ; toutefois, il est à croire que ces derniers travaux ne consistaient guère qu'en ouvrages intérieurs, en distribution d'appartements, car la masse imposante des constructions appartient tout entière au commencement du xve siècle.

Le château de Pierrefonds, dont on voit le plan, fig. 1, au niveau du rez-de-chaussée de la cour, est à la fois une forteresse du premier ordre et une résidence renfermant tous les services destinés à pourvoir à l'existence d'un grand seigneur et d'une nombreuse réunion d'hommes d'armes. Séparé du plateau à l'extrémité duquel il est assis par un fossé A, creusé de main d'homme dans le roc, et dallé avec soin, son entrée principale, G, est précédée d'une vaste basse-cour C, autour de laquelle s'élevaient les écuries, étables et logements des serviteurs. On voit encore en C' l'abreuvoir circulaire destiné au bétail et aux chevaux. La porte d'entrée de la basse-cour était percée dans le mur de clôture de l'est, F ; on retrouve encore sur ce point un des pieds-droits de cette porte. Les trois côtés nord, est et ouest du château dominent des escarpements très-prononcés, au bas desquels s'étend le bourg de Pierrefonds.

On arrivait à la baille ou basse-cour C par deux entrées, l'une qui s'ouvrait vers l'ouest à cent mètres environ du point D dans le mur de soutènement D'. Cette entrée est du XIIIe siècle et appartenait probablement au vieux château; une partie du chemin pavé qui y conduit existe encore, ainsi que les deux pieds-droits de cette porte à laquelle on ne pouvait arriver qu'à pied. L'autre s'ouvrait vers le point E. Cette entrée était la principale et permettait aux chariots et chevaux d'arriver jusque dans la cour. On suivait alors un chemin EE' en passant à travers une poterne fort ancienne H, dont le parapet était mis en communication avec la poterne intérieure O; on devait retourner le long du château de E'' en E''', passer la porte F et arriver devant l'ouvrage avancé G. Cet ouvrage avancé se compose d'une porte charretière et d'une poterne percée latéralement. L'obstacle franchi sous l'énorme tour du donjon qui commande verticalement la porte, on se trouvait sur un pont de bois soutenu par deux piles isolées, et on arrivait aux ponts-levis J et K de la porte et de la poterne.

Outre les ponts-levis, le couloir d'entrée L était muni de deux portes et d'une herse tombant en arrière de la petite porte du corps de garde M.

Ce corps de garde occupait le rez-de-chaussée d'une tour de guet carrée, munie de son petit escalier particulier et de ses latrines N à tous les étages; car la partie inférieure encore existante de ces latrines, dont la fosse est conservée, montre les languettes séparatives de plusieurs chutes. Par elle-même, cette entrée est bien défendue; et, la porte charretière de la défense extérieure étant ouverte, il était impossible à des gens placés dans la basse-cour de voir ce qui se passait dans la cour intérieure du château. Mais ce qui vient surtout rendre cette entrée difficile à forcer, c'est la grosse tour I du donjon, dont les murs, d'une épaisseur considérable (4m,60), ne sont au rez-de-chaussée percés d'aucune ouverture, et dont les mâchicoulis supérieurs devaient permettre d'écraser les assaillants qui se seraient emparés, soit du pont, soit du fossé. La tour I se relie au donjon proprement dit, de forme carrée, divisé en plusieurs salles, et qui par sa position commande au loin les deux seuls points accessibles du château, c'est-à-dire ses faces sud et sud-est. Mais la construction du donjon mérite d'être examinée avec soin, d'autant mieux que ce logis diffère de ceux des XIIe et XIIIe siècles.

A Pierrefonds, le donjon est non-seulement le point principal de la défense, c'est encore l'habitation seigneuriale, construite avec recherche et contenant un grand nombre de services propres à rendre ses appartements agréables. Il se compose d'un étage de caves, d'un rez-de-chaussée voûté dont nous donnons le plan, qui ne pouvait servir que de magasins, de dépôts de provisions, et de trois étages de salles munies de cheminées. A chaque étage, la disposition était pareille à celle du rez-de-chaussée; mais les salles, séparées par des planchers, ne possédaient plus les colonnes que nous voyons sur le plan. De la salle principale des étages supérieurs, à laquelle on arrivait par le grand escalier P, on communiquait à la tour carrée Q, par un passage pratiqué dans l'angle de jonction; ces salles principales étaient éclairées chacune par deux larges et hautes fenêtres percées dans le mur oriental de chaque côté des cheminées, par des fenêtres ouvertes des deux côtés de l'escalier et par une grande claire-voie percée dans le mur occidental. Ce donjon était couvert par deux combles, avec chéneau intermédiaire sur le mur de refend, qui le coupe de l'est à l'ouest. Deux pignons à l'est et deux pignons à l'ouest fermaient ces deux combles.

Nous reviendrons tout à l'heure aux dispositions intérieures de ce donjon.

Les autres parties du château de Pierrefonds ne sont pas moins intéressantes à observer. La grand'-salle était en *a* couverte par une charpente lambrissée avec entraits apparents, suivant l'usage; une large cheminée la chauffait; elle était éclairée par de grandes lucarnes s'ouvrant du côté extérieur, dans le comble lambrissé, et du côté de la cour, probablement par des fenêtres percées dans le mur à quelques mètres au-dessus du sol. La grand'salle était en communication avec une seconde salle *b*, également chauffée par une cheminée. De cette salle *b* on parvenait à la tour du coin *c* en passant par une troisième salle *b'*. La construction de cette tour est exceptionnelle, et nous pensons qu'on peut la regarder comme destinée aux *oubliettes*.

Il n'est pas un château dans lesquels les *guides* ne nous fassent voir des oubliettes, et généralement ce sont les latrines qui sont décorées de ce titre et que l'on suppose avoir englouti des victimes humaines, sacrifiées à la vengeance des châtelains féodaux ; mais cette fois il nous paraît difficile de ne pas voir de véritables *oubliettes* dans la tour sud-ouest du château de Pierrefonds. Au-dessous du rez-de-chaussée est un étage voûté en arcs ogives ; et au-dessous de cet étage, une cave d'une profondeur de 7 mètres, voûtée en calotte elliptique. On ne peut descendre dans cette cave que par un œil percé à la partie supérieure de la voûte, c'est-à-dire au moyen d'une échelle ou d'une corde à nœuds ; au centre de l'aire de cette cave circulaire est creusé un puits qui a 10 mètres de profondeur; puits dont l'ouverture de $1^{m},60$ de diamètre correspond à l'œil pratiqué au centre de la voûte elliptique de la cave. Cette cave, qui ne reçoit de jour et d'air extérieur que par une étroite meurtrière, est accompagnée d'un siége d'aisances pratiqué dans l'épaisseur du mur. Elle était donc destinée à recevoir un être humain, et le puits creusé au centre de son aire était probablement une tombe toujours ouverte pour les malheureux que l'on voulait faire disparaître à tout jamais.

Ce qui viendrait appuyer encore notre opinion, c'est que la grand'salle *a* servait, suivant l'usage, de tribunal (son parquet était placé en *a'*). Les justiciables cités devant le tribunal du seigneur étaient introduits par le corps de garde M dans la salle d'attente *b*, sans pouvoir entrer dans la cour du château, puisque la herse du passage L est placée au delà de l'entrée de ce corps de garde. C'était là, en effet, un point important, aucune personne étrangère à la garnison ne devant, à cette époque, pénétrer dans un château, à moins d'une permission spéciale. Après avoir subi la question dans la tour *e*, joignant la grand'salle, si les accusés étaient reconnus coupables, ils étaient ramenés devant la tribune *a'* pour entendre prononcer leur condamnation, et de là entraînés dans la tour du coin *c* pour y être enfermés, soit dans la salle du rez-de-chaussée, soit dans la cave, soit enfin dans le cul de basse-fosse que nous venons de décrire, suivant la rigueur de la peine qu'ils devaient subir. S'ils étaient reconnus innocents, ils sortaient par le corps de garde comme ils étaient entrés, sans pouvoir donner les moindres détails sur les dispositions intérieures du château, puisqu'ils n'avaient vu que le tribunal et ses annexes.

La grand'salle *a* et celles annexes *b* et *b'* occupaient tout le bâtiment en aile au rez-de-chaussée et au premier étage. La tour *e* était munie de cinq étages de défenses, flanquait la courtine et commandait le dehors des lices.

La garnison logeait dans l'aile du nord; au rez-de-chaussée, les cuisines étaient très-probablement disposées en *l*. Un grand escalier à vis *f* montait aux deux étages de cette aile, au-dessus du rez-de-chaussée. La tour *g* contient de grandes latrines à tous les étages, ce qui indique sur ce point un nombreux personnel. Ces latrines sont ingénieusement disposées pour éviter l'odeur. Elles ont à l'étage inférieur une large fosse avec un massif au centre pour faciliter la vidange, conduit latéral pour l'extraction des matières, et tuyaux de ventilation.

Un poste était établi dans les salles *h*. Les deux tours *ii'* sont admirables comme construction et dispositions défensives; tous leurs étages, sauf les caves, sont munis de cheminées. Deux autres salles réservées à la garnison sont situées en *m*. C'était par la salle *n* que l'on descendait aux vastes caves qui s'étendent sous l'aile de l'ouest. Nous donnons en B, fig. 1, le plan de l'étage inférieur de l'aile du nord, au niveau du sol des lices, qui se trouve à 8 mètres en contre-bas du sol de la cour intérieure. En *p* est une petite poterne fermée seulement par des vantaux. C'était par cette poterne que devaient sortir et rentrer les rondes en cas de siége et avant la prise des lices. Lorsqu'elles voulaient rentrer, les rondes se faisaient reconnaître au moyen d'un porte-voix pratiqué à la gauche de cette poterne, et qui, se divisant en deux branches dans l'épaisseur du mur de refend, correspondait au poste du rez-de-chaussée *h* en *h'*, et au premier étage par le conduit vertical *h''*. Il fallait ainsi que deux postes séparés eussent reconnu la ronde pour faire ouvrir la poterne par des hommes placés dans un entre-sol situé au-dessus de l'espace *k*, à mi-étage. Mais ces hommes n'entendaient pas le mot de passe jeté par ceux du dehors dans le porte-voix, et ne devaient aller ouvrir la poterne, en descendant par un escalier de bois pratiqué en *u*, qu'après avoir reçu des ordres du poste supérieur. D'ailleurs, en cas de trahison, le poste voûté de l'entre-sol, ne communiquant pas avec le rez-de-chaussée au niveau de la cour, n'eût pas permis à l'ennemi de s'introduire dans le château, en admettant qu'il fût parvenu à surprendre ce poste. Une fois la ronde entrée par la poterne *p*, il était nécessaire qu'elle connût les distributions intérieures du château ; car pour parvenir à la cour, il lui fallait passer par le corps de garde situé au-dessus de *k* et passer par plusieurs couloirs et escaliers secrets. Si une troupe ennemie s'introduisait par la poterne *p*, trois couloirs se présentaient à elle, dont deux, les couloirs *r* et *s*, sont des impasses, et le troisième *v* une entrée dans des caves fermées ; elle risquait ainsi de s'égarer et de perdre un temps précieux.

Si les dispositions défensives du château de Pierrefonds n'ont pas la grandeur majestueuse de celles du château de Coucy, elles ne laissent pas d'être combinées avec un art, un soin et une recherche dans les détails, qui prouvent à quel degré de perfection étaient arrivées les constructions des places fortes seigneuriales à la fin du XIVe siècle, et jusqu'à quel point les châtelains, à cette époque, se tenaient sur leurs gardes.

Les lices EE'E"Z étaient autrefois munies de merlons détruits pour placer du canon à une époque plus récente ; elles dominent l'escarpement naturel, qui est de 20 mètres environ au-dessus du fond du vallon. Au sud de la basse-cour, le plateau s'étend de plain-pied en s'élargissant et se relie à une chaîne de collines en demi-lune, présentant sa face concave vers la forteresse. Cette situation était fâcheuse pour le château, du moment que l'artillerie à feu devenait un moyen ordinaire d'attaque, car elle permettait d'envelopper la face sud d'un demi-cercle de feux convergents. Aussi, dès l'époque de Louis XII, deux forts en terre, dont on retrouve encore la trace, avaient été élevés au point de jonction du plateau avec la chaîne de collines. Entre ces forts et la basse-cour, de beaux jardins s'étendaient sur le plateau, et ils étaient eux-mêmes entourés de murs de terrasses avec parapets. Sur les flancs du plateau en question, on voit encore des fragments de ces murs de soutènement, renforcés de contre-forts.

Nous avons vainement cherché les restes des aqueducs qui devaient nécessairement amener de l'eau dans l'enceinte du château de Pierrefonds. Nulle trace de puits dans cette enceinte, non plus que dans la basse-cour. Les approvisionnements d'eau étaient donc obtenus au moyen de conduits qui allaient recueillir les sources que l'on rencontre sous le sol des collines se rattachant au plateau. Tout ce qui est nécessaire à la vie journalière d'une nombreuse garnison et à sa défense est trop bien prévu ici pour laisser douter du soin apporté par les constructeurs dans l'exécution des aqueducs; toutefois, jusqu'à présent, on n'a pu découvrir la trace de ces conduits.

Une vue cavalière restaurée du château de Pierrefonds, prise du côté des lices du nord, fera saisir l'ensemble de ces dispositions (V. fig. II°).

Revenons maintenant à l'habitation seigneuriale, au donjon.

Le donjon de Pierrefonds (fig. IIIᵉ) est voisin de l'entrée principale A du château, et flanque cette entrée de façon à en interdire complétement l'approche. Il possède, en outre, une poterne B, très-relevée au-dessus du sol extérieur. Ainsi remplit-il les conditions ordinaires qui voulaient que tout donjon eût deux issues, l'une apparente, l'autre dérobée. La porte A du château, défendue par un pont-levis, des vantaux, un corps de garde *a*, une herse et une seconde porte barrée, avait, comme annexe obligée à cette époque, une poterne pour les piétons, avec son pont-levis particulier *b* et entrée détournée le long du corps de garde ; de plus, le couloir de la porte était enfilé par une échauguette posée sur le contre-fort C. Pour entrer dans le logis, on trouvait un beau perron D avec deux *montoirs*, puis un large escalier à vis E montant aux étages supérieurs. Une porte bâtarde F donnait entrée dans le rez-de-chaussée voûté servant de magasin pour les approvisionnements. Par un degré assez large G, de ce rez-de-chaussée on descend dans une cave peu spacieuse, mais disposée avec des niches comme pour recevoir des vins de diverses sortes. Les murs de ce rez-de-chaussée, épais de trois à quatre mètres, sont percés de rares ouvertures, particulièrement du côté extérieur. Une petite porte H, masquée dans l'angle rentrant de la tour carrée, permet de pénétrer dans la salle voûtée I formant le rez-de-chaussée de cette tour, et de prendre un escalier à rampes droites montant seulement au premier étage. Nous allons y revenir tout à l'heure. La poterne B, munie d'une herse et de vantaux, surmontée de mâchicoulis qui règnent tout le long de la courtine, a son seuil posé à sept mètres environ au-dessus du sol extérieur qui, à cet endroit, ne présente qu'un chemin de six mètres de largeur; puis, au-dessous de ce chemin, est un escarpement prononcé, inaccessible, au bas duquel passe une des rampes qui montaient au château, rampe défendue par une traverse percée d'une porte; de l'autre côté de la porte, commandant le vallon, est une motte faite à main d'hommes qui était certainement couronnée d'un ouvrage détruit aujourd'hui. De la poterne B, on pouvait donc, soit par une trémie, soit par un pont volant, défendre la porte de la rampe du château, passer par-dessus cette porte et arriver à l'ouvrage avancé qui commande le vallon au loin. La poterne B servait ainsi de sortie à la garnison, pour prendre l'offensive contre un corps d'investissement, de porte de secours et d'approvisionnement. On observera que l'espace K est une cour dont le sol est au-dessous du sol de la cour principale du château, et que, pour s'introduire dans cette cour principale, il faut passer par une seconde poterne L, dont le seuil est relevé au-dessus du sol K, et qui est défendue par une herse, des vantaux et des mâchicoulis avec créneaux. L'escalier M, qui donne dans la chapelle N et dans la cour, monte de fond et permet d'arriver à la chambre de la herse.

En continuant à monter par cet escalier à vis, on arrive (fig. IVe) au-dessus de la chambre de la herse, dans l'étage percé de mâchicoulis; traversant un couloir, on descend une rampe O, qui vous conduit au premier étage de la tour carrée d'où on peut pénétrer dans les grandes pièces du logis principal, lesquelles se composent d'une vaste salle P, en communication directe avec le grand escalier à vis E, de deux salons R avec logis S au-dessus de la porte d'entrée et des chambres prises dans les deux grosses tours défendant l'extérieur. En T sont des garde-robes, latrines et cabinets. On voit encore en place la belle cheminée qui chauffait la grande salle P, bien éclairée par de grandes fenêtres à meneaux, avec doubles traverses. Un second étage était à peu près pareil à celui-ci, au moins quant aux dispositions générales ; l'un et l'autre ne se défendaient que par l'épaisseur des murs et les flanquements des tours.

Ce n'est qu'au troisième étage que commencent à paraître les défenses (fig. V*). A la base des grands pignons qui ferment les couvertures du logis principal sont pratiqués des mâchicoulis avec crénelages en *c* et en *d*. Les deux grosses tours rondes et la tour carrée continuent à s'élever, se dégagent au-dessus des combles du logis, et sont toutes trois couronnées de mâchicoulis avec meurtrières et crénelages couverts ; puis, au-dessus, d'un dernier parapet crénelé à ciel ouvert à la base des toits. La tour carrée possède en outre sur ses trois contre-forts trois échauguettes flanquantes. A la hauteur du second étage, en continuant à gravir l'escalier M de la poterne, on trouve un parapet crénelé au-dessus des mâchicoulis de cette poterne et une porte donnant entrée dans la tour car-

rée ; de là on prend un petit escalier à vis V qui monte aux trois derniers étages de cette tour, n'étant plus en communication avec l'intérieur du gros logis. Cependant, de l'étage des mâchicoulis de la tour carrée, on peut prendre un escalier rampant au-dessus de la couverture des grands pignons crénelés du logis principal, et aller rejoindre les mâchicoulis de la grosse tour d'angle, de même que, par l'escalier de l'échauguette C, on peut, en gravissant les degrés derrière les pignons crénelés de ce côté, arriver aux mâchicoulis de la grosse tour proche l'entrée. Sur le front extérieur, ces deux tours sont mises en communication par un parapet crénelé à la base des combles. Des dégagements et garde-robes T, on descendait sur le chemin de ronde X de la grande courtine défendant l'extérieur avec son échauguette X' au-dessus de la poterne. Ce chemin de ronde était aussi en communication avec les chemins de ronde inférieurs de la tour de la chapelle N. De la salle R ou de la tour R', on pouvait communiquer également aux défenses du château du côté sud par la pièce S située au troisième étage au-dessus de l'entrée en descendant l'escalier U.

Si l'on a suivi notre description avec quelque attention, il sera facile de comprendre les dispositions d'ensemble et de détail du donjon de Pierrefonds, de se faire une idée exacte du programme rempli par l'architecte. Vastes magasins au rez-de-chaussée avec le moins d'issues possible. Sur le dehors, du côté de l'entrée, qui est le plus favorable à l'attaque, énormes et massives tours pleines dans la hauteur du talus, et pouvant résister à la sape. Du côté de la poterne, courtine de garde très-épaisse et haute avec cour intérieure entre cette courtine et le logis ; seconde poterne pour passer de cette première cour dans la cour principale. Comme surcroît de précaution, de ce côté, très-haute tour carrée enfilant le logis sur deux de ses faces, commandant toute la cour K et aussi les dehors avec échauguettes au sommet flanquant les faces même de la tour carrée. D'ailleurs, possibilité d'isoler les deux tours rondes et la tour carrée en fermant les étroits passages donnant dans le logis, et de rendre ainsi la défense indépendante de l'habitation. Possibilité de communiquer d'une de ces tours aux deux autres par les chemins de ronde supérieurs, sans passer par les pièces destinées à l'habitation. Outre la porte du château et le grand escalier avec perron, issue particulière pour la tour carrée soit par la petite porte de l'angle rentrant, soit par l'escalier de la chapelle. Issue particulière de la tour du coin, par la courtine dans laquelle est percée la poterne et par les escaliers de la chapelle. Issue particulière de la tour de la porte d'entrée par les salles situées au-dessus de cette porte et l'escalier U qui descend de fond. Communication facile établie entre les tours et les défenses du château par les chemins de ronde. Logis d'habitation se défendant lui-même soit du côté de la cour K, soit du côté de l'entrée du château, au moyen de crénelages et mâchicoulis à la base des pignons. Ce logis, bien protégé du côté du dehors, masqué, flanqué, n'ayant qu'une seule entrée pour les appartements, celle du perron, et cette entrée, placée dans la cour d'honneur, commandée par une des faces de la tour carrée. Impossibilité à toute personne n'étant pas familière avec les distributions du logis de se reconnaître à travers ces passages, ces escaliers, ces détours, ces issues secrètes; et pour celui qui habite, facilité de se porter rapidement sur quelque point que ce soit des défenses soit du donjon lui-même, soit du château Facilité de faire des sorties si l'on est attaqué. Facilité de recevoir des secours ou provisions par la poterne B, sans craindre les surprises, puisque cette poterne s'ouvre dans une première cour qui est isolée et ne donne dans la cour principale que par une seconde poterne dont la herse et la porte barrée sont gardées par les gens du donjon. Belles salles bien disposées, bien orientées, bien éclairées; appartements privés avec cabinets, dégagements et escaliers particuliers pour le service. Certes il y a loin du donjon de Coucy, qui n'est qu'une tour où chefs et soldats devaient vivre pêle-mêle, avec ce dernier donjon, qui, encore aujourd'hui, serait une habitation agréable et commode; mais c'est que les mœurs féodales des seigneurs du xve siècle ne ressemblaient guère à celles des châtelains du commencement du XIIIe.

Nous complétons la série des plans du donjon de Pierrefonds par une élévation géométrale de ce logis (fig. VIe) prise du côté de la poterne sur la ligne QZ de ces plans. En A, on voit la grosse tour du coin; en B, la tour carrée; entre elles, les deux pignons crénelés des salles; en C est la tour de la chapelle dans laquelle les habitants du donjon pouvaient se rendre directement en passant par la tour carrée et le petit escalier à vis marqué M sur les plans, sans mettre les pieds dehors. On voit la haute courtine de garde, entre la grosse tour du coin et celle de la chapelle, qui masque la cour isolée K. Au milieu de cette courtine est la poterne relevée qui communiquait avec un ouvrage avancé en passant par-dessus la porte D de la rampe extérieure du château. Comme construction, rien ne peut rivaliser avec le donjon de Pierrefonds ; la perfection de l'appareil, de la taille, de la pose de toutes les assises réglées et d'une hauteur uniforme de $0^m,33$ (un pied), est faite pour surprendre les personnes qui pratiquent l'art de bâtir. Dans ces murs d'une hauteur peu ordinaire et inégaux d'épaisseur, nul tassement, nulle déchirure ; tout cela a été élevé par arasements réguliers ; des chaînages, on n'en trouve pas trace, et bien qu'on ait fait sauter les deux tours rondes par la mine, que les murs aient été sapés du haut en bas, cependant les parties encore debout semblent avoir été construites hier. Les matériaux sont excellents, bien choisis, et les mortiers d'une parfaite résistance. Les traces nombreuses de boiseries, d'attaches de tentures que l'on aperçoit encore sur les parois intérieures du donjon de Pierrefonds, indiquent assez que les appartements du seigneur étaient richement décorés et meublés, et que cette résidence réunissait les avantages d'une place forte de premier ordre à ceux d'une habitation plaisante située dans un charmant pays. L'habitude que nous avons des dispositions symétriques dans les bâtiments depuis le XVIIe siècle fera paraître étranges, peut-être, les irrégularités que l'on remarque dans le plan du donjon de Pierrefonds. Mais l'orientation, la vue, les exigences de la défense, exerçaient une influence majeure sur le tracé de ces plans. Ainsi, par exemple, le biais que l'on remarque dans le mur oriental du logis (biais qui est inaperçu en exécution) est évidemment imposé par le désir d'obtenir des jours sur le dehors d'un côté où la campagne présente de charmants points de vue, de laisser la place nécessaire au flanquement de la tour carrée, ainsi qu'à la poterne intérieure entre cette tour et la chapelle, la disposition du plateau ne permettant pas d'ailleurs de faire saillir davantage la tour contenant cette chapelle qui est orientée. Le plan de la partie destinée aux appartements est donné par les besoins mêmes de cette habitation, chaque pièce n'ayant que la dimension nécessaire. En élévation, les différences des hauteurs des fractions du plan sont de même imposées par les nécessités de la défense ou de l'habitation.

Mais ce qui doit attirer particulièrement l'attention des visiteurs dans cette magnifique résidence, c'est le système de défense nouvellement adopté à la fin du XIVe siècle. Chaque portion de courtines est défendue à la partie supérieure par deux étages de chemins de ronde, l'étage inférieur étant muni de mâchicoulis, créneaux et meurtrières ; l'étage supérieur sous le comble de créneaux et meurtrières seulement.

Les sommets des tours possèdent trois, quatre et

cinq étages de défenses, un chemin de ronde avec mâchicoulis et créneaux au niveau de l'étage supérieur des courtines, un ou deux étages de créneaux, meurtrières intermédiaires, et un parapet crénelé autour des combles. Si l'on s'en rapporte à une vignette assez ancienne (VIe siècle), la tour *e* bâtie au milieu de la courtine de l'ouest, vers le bourg, possédait cinq étages de défenses. Une guette très-élevée surmontait celle du coin T. Malgré la multiplicité de ses défenses, le château pouvait être garni d'un nombre de défenseurs relativement restreint, car ces défenses sont disposées avec ordre, les communications entre elles sont faciles, les courtines sont bien flanquées par des tours saillantes et rapprochées. Les rondes peuvent se faire de plain-pied tout autour du château à la partie supérieure, sans être obligées de descendre des tours sur les courtines et de remonter de celles-ci dans les tours, ainsi que l'on était forcé de le faire dans les châteaux des XIIe et XIIIe siècles.

La fig. VII donne la partie supérieure d'une des tours d'angle, avec les chemins de ronde des courtines et les crénelages à la base des combles.

On remarquera qu'aucune meurtrière n'est percée à la base des tours. Ce sont les crénelages des murs extérieurs des lices aujourd'hui détruits qui seuls défendaient les approches. La garnison forcée dans cette première enceinte se réfugiait dans le château, et occupant les étages supérieurs, bien couverts par de bons parapets, elle écrasait les assaillants qui tentaient de s'approcher du pied des remparts.

Bertrand Du Guesclin avait attaqué quantité de châteaux bâtis pendant les XIIe et XIIIe siècles, et, profitant du côté faible des dispositions défensives de ces places, il faisait le plus souvent appliquer des échelles le long des courtines basses des châteaux de cette époque ; ayant soin d'éloigner les défenseurs par une grêle de projectiles, il brusquait l'assaut et prenait les places autant par escheládes que par les moyens lents de la mine et de la sape. La description du château du Louvre, donnée par Guillaume de Lorris au XIIIe siècle, dans le *Roman de la Rose*, fait connaître que la défense des anciens châteaux des XIIe et XIIIe siècles exigeait un grand nombre de postes divisés, se défiant les uns des autres et se gardant séparément. Ce mode de défense était bon contre des troupes n'agissant pas avec ensemble et procédant, après un investissement préalable, par une succession de siéges partiels ou par surprise ; il était mauvais contre des armées disciplinées, entraînées par un chef habile qui, abandonnant les voies suivies jusqu'alors, faisait sur un point un grand effort, enlevait les postes isolés sans leur laisser le temps de se reconnaître et de se servir de tous les détours et obstacles accumulés dans la construction des forteresses. Pour se bien défendre dans un château du XIIIe siècle, il fallait que la garnison n'oubliât pas un instant de profiter de tous les détails infinis de la fortification. La moindre erreur ou négligence rendait ces obstacles non-seulement inutiles, mais même nuisibles aux défenseurs ; et dans un assaut brusqué, dirigé avec énergie, une garnison perdait ses moyens de résistance à cause même de la quantité d'obstacles qui l'empêchaient de se porter en masse sur le point attaqué. Les défenseurs, obligés de monter et de descendre sans cesse, d'ouvrir et de fermer quantité de portes, de filer un à un dans de longs couloirs et des passages étroits, trouvaient la place emportée avant d'avoir pu faire usage de toutes leurs ressources. Cette expérience profita certainement aux constructeurs des forteresses à la fin du XIVe siècle; ils donnèrent plus de relief aux courtines pour se garantir des eschelades, n'ouvrirent plus de meurtrières dans les parties basses des ouvrages, mais les renforcèrent par des talus qui avaient encore l'avantage de faire ricocher les projectiles tombant des mâchicoulis; ils mirent les chemins de ronde et courtines en communication directe, afin de présenter, au sommet de la fortification, une ceinture non interrompue de défenseurs pouvant facilement se rassembler en nombre sur le point attaqué et recevant les ordres avec rapidité; ils munirent les mâchicoulis de parapets solides bien crénelés et couverts, pour garantir les hommes contre les projectiles lancés du dehors. Les chemins de ronde s'ouvraient sur les salles supérieures servant de logement aux troupes (les bâtiments étant alors adossés aux courtines), les soldats pouvaient ainsi à toute heure et en un instant occuper la crête des remparts.

Le château de Pierrefonds remplit exactement ce nouveau programme. Nous avons fait le calcul du nombre d'hommes nécessaires pour garnir l'un des fronts de ce château : ce nombre pouvait être réduit à soixante hommes pour les grands fronts et à quarante pour les petits côtés. Or, pour attaquer deux fronts à la fois, il faudrait supposer une troupe très-nombreuse, deux mille hommes au moins, tant pour faire les approches que pour forcer les lices, s'établir sur les terre-pleins EE'E", faire approcher les engins et les protéger. La défense avait donc une grande supériorité sur l'attaque. Par les larges mâchicoulis des chemins de ronde inférieurs, elle pouvait écraser les pionniers qui auraient voulu s'attacher à la base des murailles. Pour que ces pionniers pussent commencer leur travail, il eût fallu, soit creuser des galeries de mine, soit établir des galeries en bois ; ces opérations exigeaient beaucoup de temps, beaucoup de monde et un matériel de siége. Les tours et courtines sont d'ailleurs renforcées à la base par un empattement qui double à peu près l'épaisseur de leurs murs, et la construction est admirablement faite en bonne maçonnerie, avec revêtement de pierres de taille. Les assaillants se trouvaient, une fois dans les lices, sur un espace étroit, ayant derrière eux un précipice et devant eux de hautes murailles couronnées par plusieurs étages de défenses ; ils ne pouvaient se développer, leur grand nombre devenait un embarras, exposés aux projectiles de face et d'écharpe, leur agglomération sur un point devait être une cause de pertes sensibles ; tandis que les assiégés, bien protégés par leurs chemins de ronde couverts, dominant la base des remparts à une grande hauteur, n'avaient rien à redouter et ne perdaient que peu de monde. Une garnison de trois cents hommes pouvait tenir en échec un assiégeant dix fois plus fort pendant plusieurs mois.

Si, après s'être emparé des terrasses, du jardin et de la basse-cour de Pierrefonds, l'assiégeant voulait attaquer le château par le côté de l'entrée, il lui fallait combler un fossé très-profond, enfilé par la grosse tour I du donjon et par les deux tours de coin; sa position était plus mauvaise encore, car soixante hommes suffisaient largement sur ce point pour garnir les défenses supérieures; et, pendant l'attaque, une troupe faisant une sortie par la poterne *p* allait prendre l'ennemi en flanc dans le fossé, soit par le terre-plein E"E", soit par celui Z'. Le châtelain de Pierrefonds pouvait donc, à l'époque où ce château fut construit, se considérer comme à l'abri de toute attaque, à moins que le roi n'envoyât une armée de plusieurs mille hommes bloquer la place et faire un siége en règle.

L'artillerie à feu seule devait avoir raison de cette forteresse, et l'expérience prouva que, même devant ce moyen puissant d'attaque, la place était bonne. Henri IV voulut la réduire; elle était encore entre les mains d'un ligueur nommé Rieux [1]. Le duc d'Épernon se présenta devant Pierrefonds en 1595 avec un gros corps d'armée et du canon; mais il n'y put rien faire et leva le siége après avoir reçu un coup de feu pendant

[1] Voy., dans la *Satire Ménippée*, le discours de ce partisan.

une attaque générale qui fut repoussée par Rieux et quelques centaines de routiers qu'il avait avec lui. Le maréchal de Biron vint à son tour attaquer la place de Pierrefonds et fut de même obligé d'abandonner son entreprise. Toutefois le capitaine Rieux, surpris avec un petit nombre des siens pendant qu'il faisait le métier de voleur de grand chemin, fut pendu à Noyon, et la place de Pierrefonds, commandée par son lieutenant Antoine de Saint-Chamans, fut de nouveau assiégée par l'armée royale sous les ordres de François des Ursins. Une grosse somme d'argent donnée au commandant de Pierrefonds fit rentrer enfin cette forteresse dans le domaine royal; Saint-Chamans se retira à La Ferté-Milon dont il était gouverneur pour le prince Louis, duc d'Orléans.

La place de Pierrefonds, sous le commandement de Rieux, était devenue si redoutable pour tous les environs et jusqu'aux portes de Paris, qu'après la reddition du château entre les mains de Henri IV, en 1595, le prévôt des marchands et les échevins de Paris adressèrent, le 6 novembre de cette année, une circulaire ainsi conçue aux notables des villes de Compiègne, de Senlis, de Crespy et de Meaux.

« Messieurs, vous avez entendu la reprise du châ-
« teau de Pierrefons et scavez combien ceste place a
« apporté d'incommodité tant à ceste ville que aultres,
« et pour mettre fin à pareils accidens nous sommes
« requis de plusieurs personnes supplier le Roy la dicte
« place estre desmolie et razée, et prévoyons qu'il y
« pourra avoir quelque empeschement et d'aultant

« que ceste affaire vous importe, nous vous prions « voulloir déppnter quelques uns des vostres pour « nous venir trouver et adviser ensemblement les « moyens pour faire trouver bon à Sa Majesté la « démolition de la dicte place, priant Dieu, Mes- « sieurs, vous donner ce que désirez. A Paris, au « bureau de la ville, le 6 novembre 1595.

« Le prévost des marchans et eschevins de la ville « de Paris [1]. »

Nous n'avons pu découvrir si la démarche fut faite auprès de Henri IV, mais ce qui est certain, c'est que le bon roi ne fit pas démolir le château, qu'il le considéra comme une des résidences royales les plus importantes, et qu'il en fit peindre le plan et la vue extérieure dans la galerie des Cerfs à Fontainebleau.

En 1616, le marquis de Cœuvre, capitaine de Pierrefonds, ayant embrassé le parti des mécontents, le conseil du roi décida que la place serait assiégée par le comte d'Angoulême. Cette fois, elle fut attaquée vace méthode et en profitant de la disposition des collines environnantes. Des batteries, protégées par de bons épaulements qui existent encore, furent élevées sur la crête de la demi-lune de coteaux qui cerne le plateau à son extrémité sud, et sur un petit promontoire du plateau s'avançant dans le vallon du côté du sud-est. Les deux fortins ayant été écrasés de

1 Cette curieuse pièce nous a été communiquée par M. le comte L. de Laborde, directeur général des Archives de l'empire.

feux furent abandonnés par les assiégés : le comte d'Angoulême s'en empara aussitôt, y établit des pièces de gros calibre, et, sans laisser le temps à la garnison de se reconnaître, ouvrit contre la grosse tour du donjon, la courtine sud, la poterne O et les deux tours du coin *c* et T, un feu terrible qui dura deux jours sans relâche. A la fin du second jour, le 1er avril, la grosse tour du donjon s'écroula, entraînant dans sa chute une partie des courtines environnantes. Le capitaine Villeneuve, qui commandait pour le marquis, s'empressa dès lors de capituler ; la place fut évacuée le 2. Ce fut un an après que le conseil du roi Louis XIII, alors âgé de quinze ans, fit entièrement démanteler le château. Voici la lettre du roi au comte d'Angoulême, gouverneur de Compiègne, écrite le 16 mai 1617, reçue le 19 et enregistrée le 22 :

« Mon cousin, ayant encores depuis quelques jours « considéré combien il estoit utile pour le bon repos « et tranquillité de mes subjects de la province de « l'Ile-de-France que, conformément à ma première « intention, le chasteau de Pierrefonds feust démolis, « et m'estant en même temps souvenu que je vous « avois envoyé mes lettres patentes pour ce faire, « j'ay estimé qu'il estoit raisonnable, trouvant le « premier juste et nécessaire, de vous en adresser le « second commendement et de vous despécher ce « porteur exprès pour vous rendre ceste-cy et par le « même vous asseurer de la continuation de ma « bonne volonté et que je suis très certain, puisque « c'est chose que je désire, que en toute diligence et

« sans aucun délay vous ferez parachever la démoli« tion dudit chasteau et que je prie Dieu vous avoir, « mon cousin, en sa sainte et digne garde. Écrit à « Paris, le 16 de may 1617 [1]. »

Le comte d'Angoulême exécuta dès lors les ordres du roi. On fit sauter les grosses tours par la mine, les logements furent détruits, les planchers et charpentes brûlés, les tours et courtines du-nord éventrées à la sape, parce que de ce côté le voisinage immédiat du village ne permettait pas d'employer la mine.

Depuis le commencement de l'année 1858, des travaux considérables de déblaiement, puis de restauration, ont été entrepris au château de Pierrefonds, par ordre de l'empereur Napoléon III.

L'Empereur a reconnu l'importance des ruines de Pierrefonds au point de vue de l'histoire et de l'art. Le donjon et presque toutes les défenses extérieures reprennent leur aspect primitif; ainsi, nous pourrons voir bientôt le plus beau spécimen de l'architecture féodale du xve siècle en France renaître par la volonté auguste du souverain. Nous n'avons que trop de ruines dans notre pays, et les ruines ne donnent guère l'idée de ce qu'étaient ces habitations des grands seigneurs les plus éclairés du moyen âge, amis des arts et des lettres, possesseurs de richesses immenses. Le château de Pierrefonds, rétabli en totalité, fera connaître cet art à la fois civil et militaire qui, de

[1] Renseignements communiqués par M. Pélassy de l'Oulle, bibl. du château imp. de Compiègne.

Charles V à Louis XI, était supérieur à tout ce que l'on faisait alors en Europe. C'est dans l'art féodal du xve siècle en France développé sous l'inspiration des Valois que l'on trouve en germe toutes les splendeurs de la Renaissance, bien plus que dans l'imitation des arts italiens.

FIN

Fig. 1.

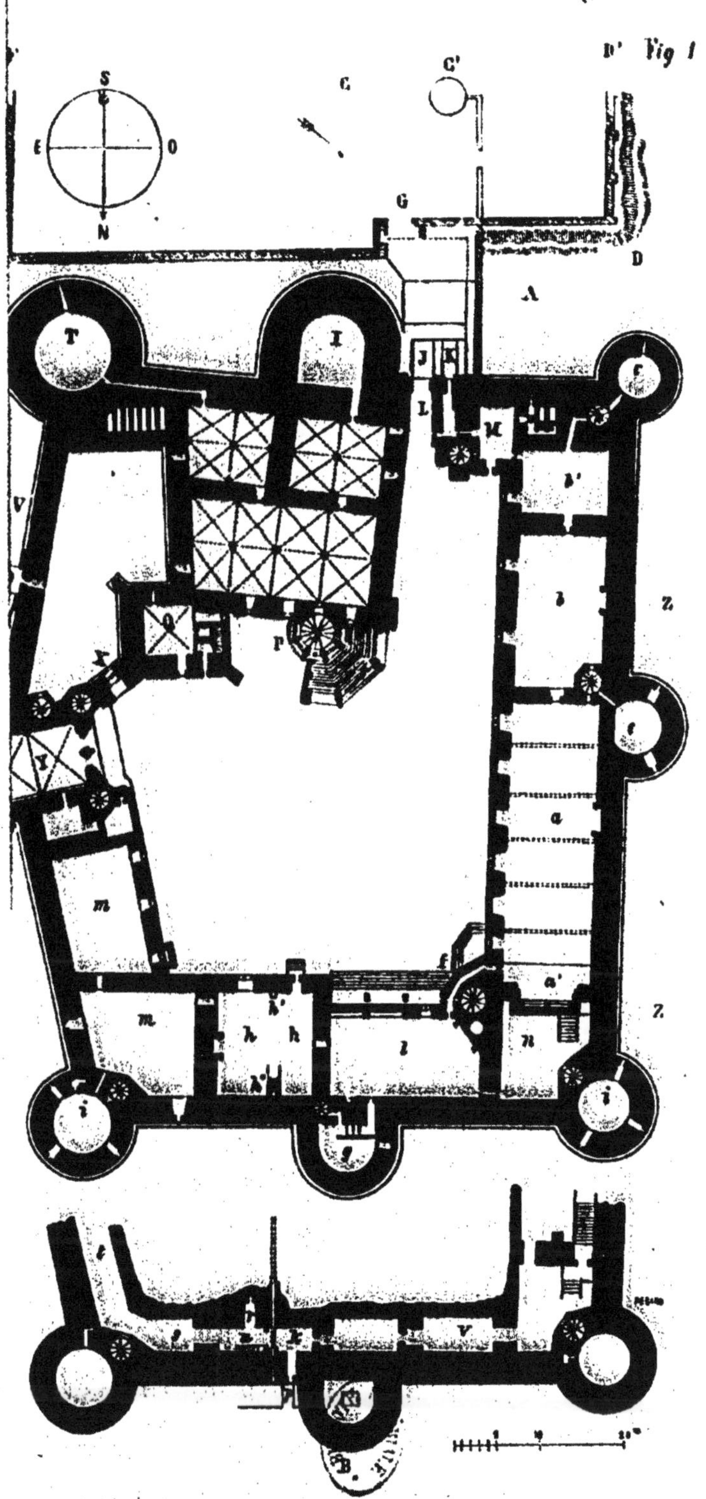

PLAN DU CHATEAU DE PIERREFONDS.

Fig. 1.

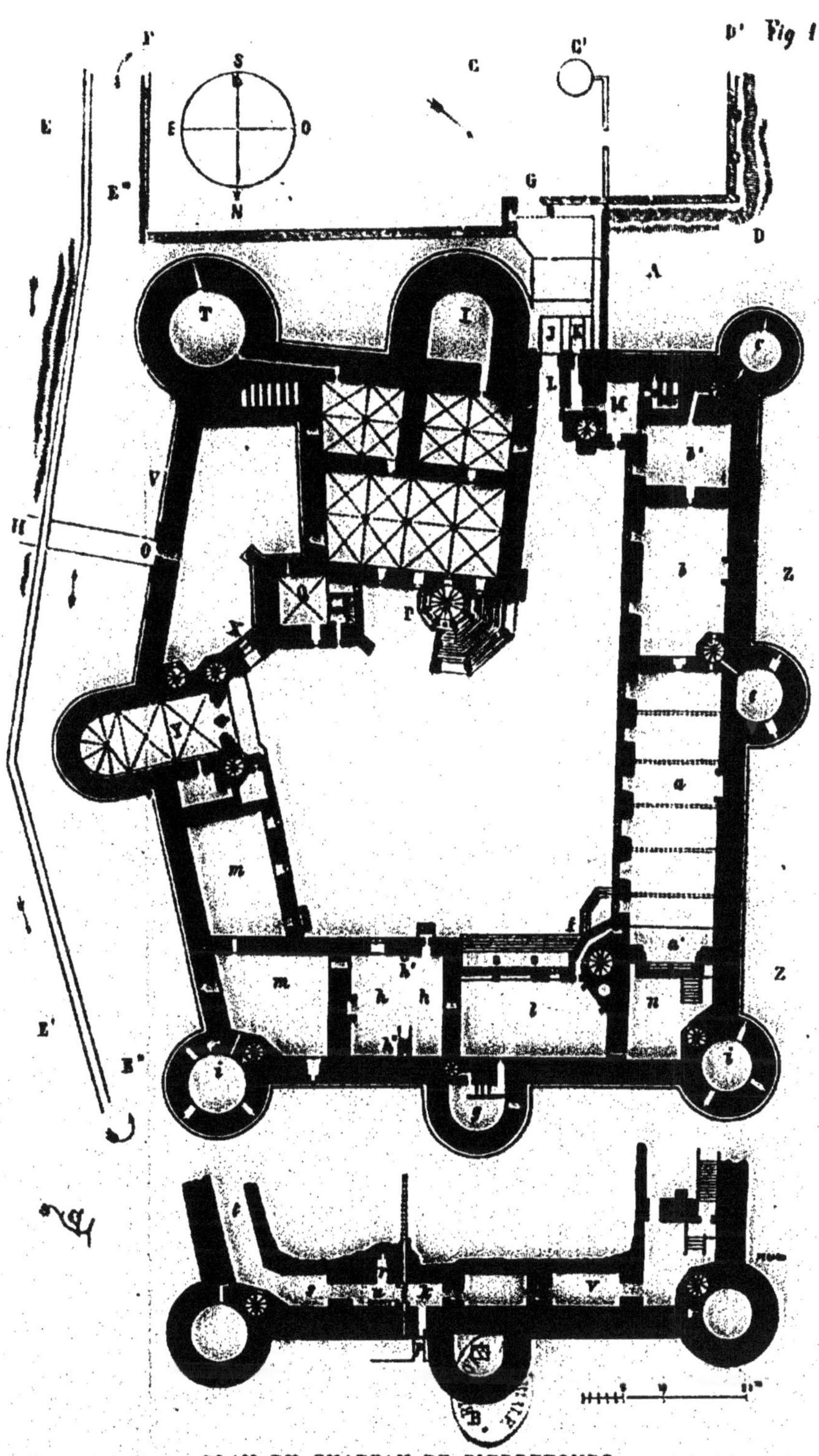

PLAN DU CHATEAU DE PIERREFONDS.

Fig. 2.

VUE RESTAURÉE DU CHATEAU DE PIERREFONDS.

Fig. 3.

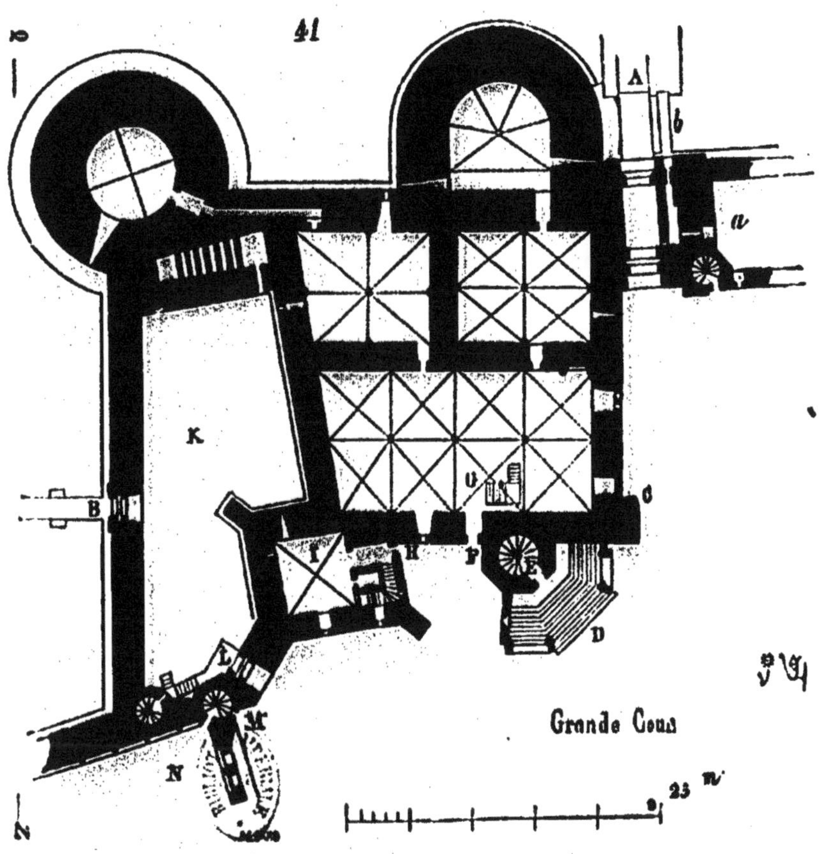

PLAN DU REZ-DE-CHAUSSÉE DU DONJON DE PIERREFONDS.

Fig. 4.

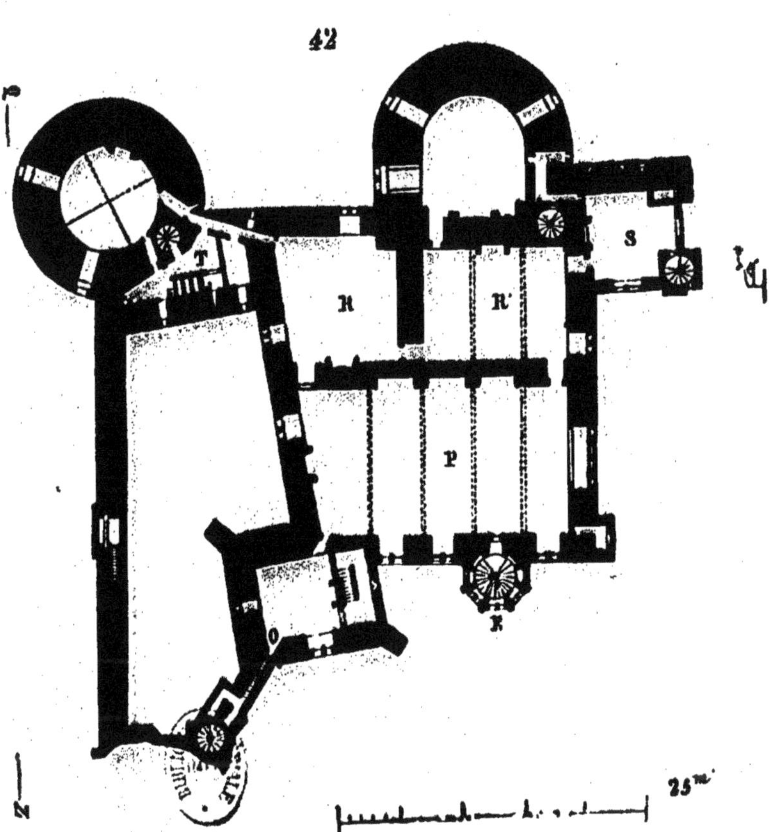

PLAN DU PREMIER ÉTAGE DU DONJON.

Fig. 5.

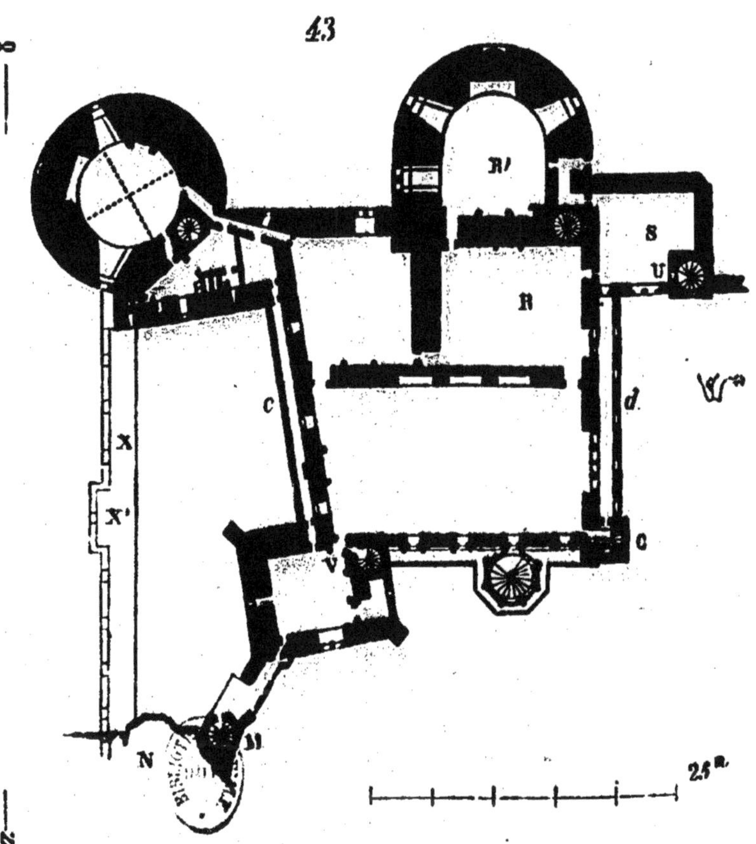

PLAN DU TROISIÈME ÉTAGE DU DONJON.

Fig. 6. 44

ÉLEVATION DU DONJON.

Fig. 7.

TOUR NORD-EST RESTAURÉE DU CHATEAU DE PIERREFONDS.

www.ingramcontent.com/pod-product-compliance
Ingram Content Group UK Ltd.
Pitfield, Milton Keynes, MK11 3LW, UK
UKHW021000220726
13924UKWH00002B/816